AF460713

LES BATTUS PAIENT L'AMENDE,

PROVERBE-COMEDIE-PARADE,

OU

CE QUE L'ON VOUDRA.

PAR M. DORVIGNY.

NOUVELLE ÉDITION.

A PARIS,

Chez BRUNET, Libraire, rue Mauconſeil, à côté de la Comédie Italienne.

M. DCC. LXXXIII.

ACTEURS.

RAGOT, *Fripier.*

Madame RAGOT.

JANOT, *leur Garçon de Boutique.*

SIMON, *Savetier.*

SUZON, *sa Fille.*

DODINET, *Rat-de-Cave.*

UN CLERC DE COMMISSAIRE.

UN GARÇON PATISSIER.

LE CAPORAL DU GUET.

DES SOLDATS.

La Scene se passe dans la rue, devant la Boutique de Ragot.

LES BATTUS

PAIENT L'AMENDE,

PROVERBE-COMÉDIE-PARADE.

La Scene se passe sur les huit à neuf heures du soir. Le Théâtre représente la rue, & n'est éclairé que par un réverbere sur le côté.

SCENE PREMIERE.

Madame RAGOT, (*seule, devant sa porte.*)

VOYEZ un peu ce chien d'ivrogne ! c'est tous les jours le même train. Il m'emporte de l'argent, pour aller, dit-il, dans les ventes, & tous ses inventaires se font toujours sur le comptoir du Cabaretier ; & pis, quand il est sou, il se laisse attraper comme un enfant : il m'achete des drogues, des garde-boutiques ! Vlà-ti pas une belle heure, tenez, pour revenir !... Ah ! je crois pourtant que le vlà.

SCENE II.

RAGOT, *un peu gris, portant un vieux tableau.*

Madame RAGOT.

EH ben ! te vlà donc ? D'où ce que tu reviens comm'çà ?

RAGOT.

D'où ce que je reviens ? tiens, regarde ça. (*Il lui montre son tableau.*)

Mme. RAGOT.

Eh ben ! après : qu'eſt-ce que c'eſt que ça ?

RAGOT.

C'eſt un original, ma femme.

Mme. RAGOT.

Original toi même... Voyez un peu ſt'animal, avec ſa guenille !.... & ton argent, où eſt-il ?

RAGOT (*en montrant le tableau.*)

Regarde ça, je te dis.

Mme. RAGOT.

Comment ! regarde ça ! ça ne te coûte pas les dix écus que tu as emportés, peut-être ?

RAGOT.

Non dà. Encore douze francs que je redois deſſus.

Mme. RAGOT.

Encore douze francs ! eſt-ce que tu te moques de moi ?

RAGOT (*lui cognant le nez avec.*)

Mais regarde le donc, tu verras ce que c'eſt.

Mme. RAGOT.

Ah ! miſérable, peux-tu faire des marchés comme-ça ! nous v'là ruinés !

RAGOT.

C'eſt toi qui me ruine ! tu ne ſais pas vendre.

Mme. RAGOT.

Je ne ſais pas vendre ?

RAGOT.

Non : je devrois être à préſent le plus grand Fripier de Paris, avec les marchés d'or que je fais tous les jours ; mais tu n'entends rien au commerce ; tu ne ſais pas vendre, je te dis.

Mme. RAGOT.

Mais, imbécille, c'eſt toi qui ne ſais pas acheter. Qu'eſt-ce que tu veux que je vende, quand tu m'apportes des villenies comme ça ?

RAGOT.

Des villenies comme ça ! Inſolente ! un original qui ſort du Cabinet d'un Receveur des Gabelles.

Mme. RAGOT.

Une belle autorité ! Et pourquoi qui le vend drès que c'eſt ſi beau ?

RAGOT.

C'eſt un petit arrangement que la Juſtice fait par repréſailles.

Mme. RAGOT.

Comment ! par repréſailles ?

RAGOT.

Oui : il a fait ſortir les fonds de la caiſſe pour meubler ſon Cabinet, & à préſent on fait ſortir les tableaux de ſon Cabinet pour remeubler la caiſſe : ça fait la navette.

Mme. RAGOT.

Vlà ce qui t'arrivera au premier jour : on vendra ton lit pour payer tes belles emplettes.

RAGOT.

Allons, allons, taisez-vous, femme. Vous n'êtes pas faite pour vous connoitre à tout ça ; mêlez-vous de vendre les prix que je vous dis, & ne raisonnez pas sur mes marchés.

Mme. RAGOT.

Vendre les prix que tu dis ! & qui diable en voudroit ? Tes marchandises sont si belles, que personne ne les regarde tant seulement pas.

RAGOT.

C'est qu'il ne passe pas de connoisseurs dans ste rue-ci : faut changer de quartier.... Voyez moi ça ! Ces petits bouquets de Rembrant, comme c'est délicat ! ste bataille de Téniers ! tenez, ça n'est ti pas parfait ? & ste noce par Lebrun ! C'est-ti pas réjouissant. Là, ne diroit-on pas que toutes ces bouteilles-là sont pleines ? rien qu'à les regarder, ça donne envie de boire.

Mme. RAGOT.

Tu les regardes donc depis le matin jusqu'au soir, car t'as st'envie-là toute la journée.

RAGOT.

Taisez-vous, Madame Ragot, & rentrez-moi tout-ça ; ça devroit déjà être dans la boutique.

Mme. RAGOT.

Que ne reviens-tu de meilleure heure ! Est-ce que je peux rentrer ça à moi toute seule ?

RAGOT.

Vous ne pouviez pas vous faire aider par Janot ? où est-ti ? st'animal ? Janot ! oh ! Janot ! (*Il appelle.*)

SCENE III.

LES PRECEDENS, JANOT, *à la fenêtre.*

JANOT.

EH ben ! quoi qu'il a donc encore fait Janot ?

RAGOT.

Descendras-tu, quand on t'appelle ?

JANOT, *à la fenêtre.*

Je ne peux pas, note maître. Je suis ta guetter la soupe qui est sur le fourneau, qui va s'enfuir, qui bout.

RAGOT.

Eh bien, ôte-la vite & descends.

JANOT

Je le veux ben, moi. (*Il sort de la fenêtre.*) Ah ! jarni ! vlà que je me brûle ! & tout le bouillon qu'est répandu.

tenez, pour être si pressé là, dans les cendres.

RAGOT.

Arriveras-tu donc ?

JANOT.

Ah ben, dame ! donnez-vous le temps.

(Il tombe dans l'escalier en courant, on entend le bruit.)

Mme. RAGOT, *à Janot qui entre.*

Ah ! le mal-à-droit ! .... Qu'est-ce que t'as fait là ?

RAGOT.

Tu viens de casser quelque chose, je parie.

JANOT.

Au contraire, Monsieur, c'est ma jambe, que je me suis donné une entorse en tombant, dans le talon, qu'est-là à l'entrée de l'escayer, que ça me fait un mal de chien, où ce qu'on n'y voit goutte encore.

RAGOT.

Grand bênet ! tu ne peux pas regarder à tes pieds : on se tient ferme quand on marche.

JANOT.

Pardine, quand j'y regarderai, je vois ben que j'ai le talon démis, pisque je boite.

RAGOT.

Vilain paresseux ! il faut toujours crier après lui ! qu'est-ce que t'as fait toute la journée ?

JANOT.

Ah ben, oui ! ne sembe-ti pas qu'on reste là les bras croisés ? & stescayer que j'ai nettoyé depis le haut jusqu'en bas, avec un balet qui faisoit peur.

RAGOT.

Oui, un balet qui faisoit peur !

JANOT.

Sûrement, Monsieur, de l'ordure gros comme vous, que j'ai ôtée, où ce qu'on se mireroit dedans à présent.

RAGOT.

Eh ben ! après : est-ce là tout ?

JANOT.

Ah ben, oui, tout ! j'ai été porter ce vieux fauteuil chez le rempailleur, là contre l'égoût Montmartre, qui étoit tout dépaillé... après çà j'ai été à la vallée chercher un abatti, comme vous me l'aviez dit vous-même de dindon, présence de Madame, qui m'a couté douze sous avec le cou & les pattes.

RAGOT.

Tu n'as donc pas été à la boucherie ?

JANOT.

Pardonnez moi, Monsieur, j'ai pris un bon pot au feu pour demain dîner avec vot' compere, qui est tout de la tranche, qui doit venir avec sa femme, pesant cinq livres, sans os du tout.

RAGOT.

Et pour le souper, ce soir ?

JANOT.

Oh ! pour ce soir j'avons un petit gigot qu'est au four, chez le Pâtissier, avec une gousse d'ail dans le manche.

RAGOT.

C'est bon. Allons, rentre tout ça.

JANOT.

Oh ! je ne me suis pas endormi allez, & si c'est pas encore là tout. J'ai été battre ste vieille courte-pointe que vous savez ben, avec la voisine qui étoit toute pleine de poussiere.

RAGOT.

La peste de l'imbécile ! qu'est-ce que tu m'embrouilles, la voisine pleine de poussiere ?

JANOT.

Oui, la courte-pointe.... & pis ste tenture que j'ai portée chez le dégraisseur, que vous avez achetée hier à l'inventaire.....

RAGOT.

Moi ! j'ai acheté ?....

JANOT.

Oui, qui vous a coûté un louis, où ce qui y avoit tout plein de taches dedans.

RAGOT.

Ah ! je sais ce que tu veux dire.... Allons il se fait tard, va-t-en me chercher le souper.

JANOT.

Eh ben ! donnez moi de l'argent pour payer la façon.

RAGOT.

Comment, la façon ?

JANOT.

Oui, deux sous pour le four.

RAGOT.

Est-ce que tu n'as pas d'argent ?

JANOT.

Moi ! eh pardine ! vous crayez ben que je n'en manque pas, vous ne m'en laissez jamais.

RAGOT.

Eh ! qu'est-ce que t'as fait des six sous que ma femme t'a donnés ce matin ?

JANOT.

(*à part.*) Ah ! jarni, je ne crayais pas qu'il savoit ceux-là ! Monsieur, j'en ai fait mettre des bouts à mes souyers, de quatre sous, par le savetier du coin, qui étoient tout percés à jour.

RAGOT.

Oui, tes souyers de quatre sous !.... & les autres deux sous ?

JANOT.

J'en ai fait mettre des clous aux talons, de six yards, & les autres deux yards j'ai regardé la liste de la Loterie.

RAGOT.

Pourquoi faire regarder la liste ?

JANOT.

Pour voir si j'aurois pas gagné quelquefois.

RAGOT.

Est ce que tu mets à la Loterie, toi ?

JANOT.

Moi ! Oh ! je ne suis pas si bête. On dit que c'est de l'argent perdu.

RAGOT.

Et comment veux-tu donc y gagner, imbécile, si tu n'y mets pas ?

JANOT.

Eh l'hasard donc : ... si j'ai du bonheur moi, ne faut qu'un coup.

RAGOT.

Oui, tu m'as l'air heureux aussi !.... quiens ma femme, donne-lui de la monnoie ; moi, je vas mettre le couvert. (*Il rentre.*)

SCENE IV.

Mme. RAGOT, JANOT.

Mme. RAGOT.

COmben qu'il te faut ?

JANOT.

Deux sous pour aller chercher le gigot.

Mme. RAGOT.

Quiens en vlà douze, en revenant tu prendras une bouteille de vin.

JANOT.

A queu prix, not' Maîtresse, à quinze ?

Mme. RAGOT.

Tenez st'imbécile ! à quinze avec douze sous ?

JANOT.

Dame, vous n'expliquez pas aussi ; on n'est pas sorcier pour deviner tout.

Mme. RAGOT.

A dix sous, nigaud, & deux pour le gigot, ça fait ton compte. Ou ben, tiens, rends-moi mes douze sous, j'ai besoin de monnoie, vlà six francs. Fais-toi donner de bonnes pieces, entends-tu ? (*Elle s'en va.*)

JANOT.

Oh ! pardine, laissez faire, allez, je ne suis pas bête, moi. Vous savez ben qu'on ne m'attrape pas comme ça..... (*seul.*) C'est bon... j'avois ben encore queuques sous de

monnoie

monnoie que je n'ai pas voulu l'y dire, là-haut dans un coin de ma chambre. Je les garde pour aller déjeûner demain avec Mamſelle Suzon, qu'eſt fête; comme j'avons été Dimanche dernier.... Allons toujours chercher not' ſoupé..... mais la nuit eſt noire comme tout. Je répandrai la ſauce. Holà! not' Maîtreſſe, deſcendez-moi donc un peu vot' lanterne, qu'on n'y voit goutte, avec de la chandelle dedans.

Mme. RAGOT.

Quiens, la vlà. (*Elle la lui donne.*)

JANOT.

Ben obligé..... (*Il s'en va en chantant:*
Liſon dormoit ſuz un bocage,
Un bras par-ci, l'aute pied par-là...)

Eh mais! Dieu me pardonne, je crais que vlà Mamſelle Suzon à ſa fenêt'; faut que je l'y diſe un petit bon ſoir ſans faire ſemblant de rien; (*en criant.*) bon ſoir donc, Mamſelle Suzon, comment que vous vous portez, s'il vous plait!

SCENE V.

JANOT, SUZON.

SUZON, *à ſa fenêtre.*

BEn obligée, fort ben, Monſieur Janot, & vous-même du depis qu'on ne vous a pas vu?

JANOT.

Oh! moi, je me porte comme le Pont-Neuf. Queuque vous faites donc à vot' fenêt', à l'heure qu'il eſt, à ſt'heure-ci?

SUZON.

Ah! rien, je ſuis ta prendre un petit brin l'air, ſans que ça paroiſſe; & vous, où que vous allez comme çà?

JANOT.

Je vas chercher not' ſoupé qui eſt chez le Pâtiſſier, au coin de la rue, à côté de ce Parfumeur, cuit dans le four.

SUZON.

C'eſt fort ben fait; vous aurez beau temps.

JANOT.

Oui, ma fine, ſi ça dure, j'aurons eune belle journée ſte nuit.... y fera beau demain pour la promenade. Si vous voulez, j'irons dejeûner comme j'avons été Dimanche dernier à Saint Cloud. Je mangerons de bons baignets cheus le Suiſſe, fricaſſés dans la poële.

SUZON.

Je le voulons ben, Monſieur Janot; mais c'eſt que ça bourre comme tout, les baignets.

JANOT.

Oh! que non, je les ferons deſcende; je boirons de ce

bon petit vin de Briolet que vous aimez tant, que nous en avons bu l'aut' jour sous ce grand berceau, où ce qui y a de l'épine blanche tout du long, à six sous la bouteille : vous en souvenez-vous-ti ?

SUZON.

Pardine si m'en souvient ! témoin, que j'y ai t'oublié mon petit couteau que vous m'aviez donné, ou ce que j'en ai t'eu ben du chagrin, allez.

JANOT.

Comment ! Stustache Dubois que je vous avois fait présent ? Ah ben ! voyez, c'est comme un sort !... Mais, c'est égal, je vous en donnerai un aute, un véritable couteau de Langue, tout ce qu'il y a de pus meilleur : vous n'en verrez pas la fin de celui-là. Il m'a déjà usé deux manches & trois lames, c'est toujours le même !

SUZON.

C'est ben honnête à vous, Monsieur Janot, faut pas vous défaire de vos meubes comme ça pour moi.

JANOT.

Ah ! pardonnez-moi, Mamselle, c'est rien que ça. En parlant de couteau, c'est feu mon pere qui en avoit un beau, devant Dieu soit son ame, pendu à sa ceinture, dans une gaîne, avec quoi il faisoit la cuisine.

SUZON.

A quelle heure que vous vienrez me prendre, pour que je me tienne prête ?

JANOT.

A huit heures. Mais dites donc, faut pas aller avec ce guernadier de l'aute jour. J'ai toujours peur qu'il me racole avec ses crocs. C'est de la mauvaise compagnie, ça ; & vous savez ben le proverbe, dis-moi qui tu hantes, je te dirai qui tu fréquentes... vaut ben pas mieux n'être que moi & vous, vlà tout ; & pis vot' petite sœur & mon petit frere & ma cousine : ça fera cinq, nous jouerons aux quatre coins, pas vrai Mamselle Suzon ?

SUZON.

Tout ce qui vous fera plaisir, Monsieur Janot ; mais faudra revenir de bonne heure, nous goûterons en chemin.

JANOT.

Oui, je passerons par Seve, J'y mangerons de petits gâteaux de Nanterre... comme j'en avons mangé l'aut' jour tout le long de la riviere, avec du beurre dessus.

SUZON.

Et vous souvenez-vous des bonnes cerises que j'avons mangées aussi ?

JANOT.

Pardine, je le crais ben, de ste ptite Marchande qui étoit si jolie, à trois sous la livre.

SUZON,

Oh! mais tout ça vous ruine, Monsieur Janot, faut pas êre un dépensier comme ça; vous ferez un mauvais ménage, au moins; vous êtes comme un panier percé, l'argent ne vous tient pas.

JANOT.

Ba, ba, vous êtes trop regardeuse aussi.... à propos de panier percé, Mamselle Snzon, vous vous souvenez vous-ti que vous m'avez promis queuque chose?

SUZON.

Moi! de de quoi donc que c'est que ça pourroit ête?

JANOT.

Ah! dame, sous votre respect, vous m'avez promis de m'embrasser quand je vous rapporterions vos bas de coton à coins brodés, que j'ai donnés à reprendre à ma cousine la ravaudeuse, où ce qui y a une maille d échappée.

SUZON.

Est-ce que vous les avez dessus vous?

JANOT.

Oui.

SUZON.

Ah! ben obligée, donnez les moi.

JANOT.

Oui-dà! (donnant, donnant: faut m'embrasser auparavant.

SUZON.

Oh! comme ça, dans la rue, devant tout le monde?

JANOT.

Non, venez m'ouvrir la porte de l'allée, j'entrerons un instant.

SUZON.

Eh ben! éteignez votre lanterne, qu'on ne vous voie pas; je vas vous jeter la clef.

JANOT.

C'est bon. (*Il souffle sa lumiere.*)

SCENE VI.

JANOT, SIMON, SUZON.

SIMON, *à la fenêtre, à Suzon.*

EH ben! chienne de bavarde, avec qui que t'ès done là à causer?

SUZON (*bas.*)

Avec personne, mon pere.

JANOT (*d'en-bas de la rue.*)

Hem! qu'est-ce que vous dites, Mamselle Suzon?

SIMON (*à la fenêtre.*)

Ah! c'est encore ce petit gueux de Janot!

JANOT (*d'en bas.*)

Janot, ... oui, c'est moi .... jetez donc.

SIMON (*déguisant sa voix.*)

Que je jette ?

JANOT.

Oui, la clef dans mon bonnet. Me v'là.

SIMON (*déguisant sa voix.*)

Tout-à-l'heure. Attends, attends. (*Il va chercher un pot, &c.*) Y es-tu ?

JANOT (*s'approchant sous la fenêtre, & tendant son bonnet.*)

Oui, jette.

SIMON (*lui jetant sur le corps.*)

Tiens, attrappe.

JANOT (*qui a tout reçu, &c.*)

Ah ! sarpedié ! qu'est-ce que c'est que ça ?... Vous ne pouvez pas prendre garde à ce que vous faites. On crie gare-l'eau du moins avant que de jeter... Mais comme ça sent donc !... Est-ce que ça seroit... (*Il flaire.*) Ah ! jarnigoi ! c'en est. Vlà ma veste toute perdue, y n'y a pas à dire non ; c'en est ben ! Fi, Mamselle Suzon, c'est indigne à vous. C'est un fait exprès ! Vous m'avez fait éteindre ma lanterne ! mais jarni ! gny a pas besoin des yeux pour ça ! avec le nez on voit ben !... Vlà une belle chienne d'attrappe !... vous avez beau rire ; allez, je ne sommes pas vot dupe, je voyons ben à présent de quoi y retourne !... Eh ! sarpédié ! comment que j'allons donc faire ? Faut aller montrer ça tout chaud à not' Maîtresse.

(*Il se retourne vivement pour s'en aller, & se cogne contre Dodinet.*)

SCENE VII.

JANOT, DODINET.

DODINET.

AU diable soit l'animal ! Vous ne pouvez pas prendre garde !

JANOT.

Eh ! pardine, prends garde toi-même. Est-ce que tu ne vois pas ben que je n'y vois goutte ?

DODINET.

Eh ! ben, on va doucement, on ne se jette pas comme ça dans le monde.

JANOT (*à part.*)

Eh ! mais, queu rencontre. Y me sembe que j'ai vu ste voix la queuque part... (*Haut.*) qui est-là ?

DODINET.

Qui est là, toi-même ?

JANOT.

(*A part.*) Oh ! c'est lui sûrement. (*Haut.*) Je m'appelle Janot.

DODINET.

Comment, c'est Janot ?... & moi, je suis Dodinet.

JANOT.

Ah ! mon cher Dodinet ! je suis tenchanté de te retrouver. Pardine, quiens, drès que j'tai reconnu, je me suis douté que c'étoit toi.... Embrassons-nous.

DODINET.

De tout mon cœur (*Ils s'embrassent.*) Eh ! mais, tu es tout mouillé !

JANOT.

Oh ! c'est une histoire que je te vas compter. Quiens, emagine toi.... (*En gesticulant il touche l'épée de Dodinet.*) mais, qu'est-ce que t'as donc là ?

DODINET.

Ça, c'est mon épée.

JANOT.

Ton épée ! est-ce que t'es soldat de Milice ?

DODINET.

Non, je suis engagé dans les Rats-de-Cave.

JANOT.

Guiable ! c'est-ti un beau Régiment ça ?

DODINET.

Oh ! je t'en réponds va... mais... (*Il flaire.*) viens un peu de ce côté-ci. (*Il le mene à l'autre bout du Théâtre.*) Eh ! ben, ton histoire ?

JANOT.

Emagine-toi donc, je m'en allois chercher not' soupé, & pis vlà que...

DODINET (*à part.*)

Queu diable d'odeur ! quiens, reculons-nous ici. (*Il recule d'un autre côté.*)

JANOT.

Et pis, vlà donc que je passois, en passant ; & pis tout d'un coup....

DODINET (*reculant toujours.*)

(*A part.*) Mais c'est encore pus fort ici.

JANOT.

Est ce que t'as des fourmis dans les pieds, toi ? Qu'est-ce que t'as donc à danser ?

DODINET.

Eh ! non ; c'est que je crais qu'il a passé par ici des...

JANOT.

Non, il n'a passé personne.

DODINET.

Si fait, je te dis : ça sens un goût...

JANOT.

Comment ! un goût !.... Ah ! quiens, c'est ça, peut-être. (*Il lui porte son bras sous le nez.*)

DODINET (*le repoussant.*)

Ah ! fi donc ! qu'est-ce que c'est donc que ça ?

JANOT.

C'est l'histoire que je te veux conter.

DODINET.

Le diable t'emporte... Est-ce qu'on t'a jetté....

JANOT.

Tout juste ; t'as mis le nez dessus.

DODINET.

Ah! ben! tant mieux, mon ami; vlà une bonne affaire pour toi ça.

JANOT.

Ba! je la crayais mauvaise, moi?

DODINET.

Au contraire, mon ami, elle est excellente.

JANOT.

Comment donc ça?

DODINET.

Oh! c'est que t'auras de bons dédommagemens. Faut faire une plainte cheux le Commissaire.

JANOT.

Ah! oui, mordine, t'as raison.

DODINET.

Ne t'a-t-on pas rossé aussi un peu?

JANOT.

Non, heureusement.

DODINET.

Ah! tant pis, morbleu! tant pis.

JANOT.

Tant mieux, putôt.

DODINET.

Eh non; tant pis, mon ami; si t'avois eu seulement queuques coups de bâton, ou queuques coups de pied au cul, ça te vaudroit de l'argent.

JANOT.

Es-tu ben sûr de ça?

DODINET.

Pardine, imagine-toi: c'est le casuel de not emploi, je devons ben le savoir.

JANOT.

Ah! c'est ça ptête qu'on appelle le tour du bâton, pas vrai?

DODINET.

Quiens, y n'y a pas encore huit jours, j'ai t'eu un soufflet qui m'a valu près de dix pistoles.

JANOT.

Peste! c'est ben heureux ça! j'en ai diablement reçu qui ne m'ont rien rapporté, moi.

DODINET.

C'est que tu ne sais pas t'y prendre. Quiens, moi, vlà comme ça m'est venu. Y avoit zun homme qui couroit après moi dans la rue ; & me sauvant, le pied m'a glissé, je suis tombé dessus un coup de canne. Je ne perds pas la tête, moi, je me releve. Vlà mon homme qui me rattrape : y vient sur moi comme un furieux, comme ça, quiens... Si je ne m'étois pas retourné, il me campoit un coup de pied dans le vente.

JANOT.

C'est ben adroit ? tu l'as escamoté donc ?

DODINET.

Oui, par-derriere..... Le vlà tout sot, lui, d'avoir manqué son coup ! Quand il voit ça, il m'allonge un soufflet....

JANOT.

Que t'escamotes encore ?

DODINET.

Non : je l'ai reçu, celui-là ; il m'a fait voir pus de dix mille chandelles.

JANOT.

Diable ! t'a vu là une belle illumination !

DODINET.

Oui : mais je ne me suis pas endormi, vois-tu ; j'ai été porter ma joue toute chaude cheux un Commissaire ; & comme je te dis, j'en ai t'eu toujours ben une bonne centaine de francs.

JANOT.

C'est ben heureux. Si j'avois su ste rubrique-là putôt, je me serois déjà ben fait payer aussi, moi.... Quiens, vois-tu ste dent là qui me manque dans le coin, là..... mâcheliere ?

DODINET.

Eh ! ben, est-ce d'un soufflet ?

JANOT.

Oui, il étoit chenu, pas vrai, stilà... Faut que je te le conte, ça, quiens, à point fermé, pour deux yards. J'avois passé l'eau à la place Louis XV dans un bateau ; je prends dispute pour une piece avec le Passeu, de dix-huit deniers, qu'elle n'étoit pas bonne à ce qui disoit, moi je n'y en voulais pas donner une aute. Y me plante un soufflet, quiens, comme ça, avec sa main, qui me prend depuis l'oreille jusque sus le nez, vois-tu, comme une épaule de mouton. Y me jette à la renverse & me casse une dent là, les quate fers en l'air !.... Si-tôt que je vois ça, moi, vlà que je me mets tout de suite à saigner du nez & à cracher le sang... vlà tout le monde qui s'amasse. Le Passeu a eu peur. Il a repoussé au large sans me demander son reste...., Moi, je me suis ramassé, j'ai pris mes jambes à mon cou, & j'y ai emporté ses deux yards, vlà tout ce qu'il m'a valu.

DODINET.

Ah ! ce n'eſt pas aſſez. Mais crais mois, ne manque pas ſt'occaſion là... Vlà ici tout juſtement un Commiſſaire qui demeure à ſte lanterne là. Vas ben vîte faire ta plainte, & demain je te dirai ce qu'il faudra faire. Où demeures-tu ?

JANOT.

Quiens, là-devant, chez le Fripier, au coin de la rue.

DODINET.

C'eſt bon : à demain, au revoir, mon ami. (*Il s'en va.*)

SCENE VIII.

JANOT, *ſeul.*

PArdine, je ſuis ben heureux de l'avoir rencontré ! Sans lui, j'aurois encore perdu ça, moi ! Vlà pourtant ce que c'eſt de ſavoir les affaires ! On tire parti de tout. C'eſt là qui m'a dit le Commiſſaire, je crois voyons t'un peut, holà ! (*Il frappe.*)

SCENE IX.

JANOT, UN CLERC.

LE CLERC.

QUe demandez-vous ?

JANOT.

C'eſt-ti pas ici que demeure la maiſon de M. le Commiſſaire ?

LE CLERC.

Oui : qu'eſt-ce que vous lui voulez ?

JANOT.

Je voudrois l'y parler en main propre.

LE CLERC.

Il n'y eſt pas.

JANOT.

Ah ! ben, c'eſt tout de même. Dites-lui qu'il faut que je l'y parle.

LE CLERC.

D'abord qu'il n'y eſt pas, vous ne pouvez lui parler.

JANOT.

Je vous dis que ſi fait, piſque c'eſt pour affaire, faut ben que j'y parle.

LE CLERC.

Pour affaire ! oh bien ! je ſuis ſon Maître Clerc, vous pouvez me dire ce que c'eſt ; c'eſt la même choſe. Parlez, je vous écoute.

JANOT.

Eh ben ! Monſieur, je viens me plaindre.

LE CLERC.

Ah! vous venez faire une plainte?

JANOT.

Oui, Monsieur, je viens faire une plainte contre....

LE CLERC, *l'interrompant.*

Un instant, mon ami, pour faire une plainte, il y a une petite formalité à observer.

JANOT.

Eh ben, qu'est-ce que c'est?

LE CLERC.

Notre temps est précieux, voyez-vous, nous ne pouvons pas le perdre à bavarder avec le premier venu.... Lorsqu'on veut causer avec nous, il faut commencer par payer.

JANOT.

Comment! payer pour venir se plaindre?

LE CLERC.

Oui, mon ami, payer pour se plaindre.

JANOT.

Pardine, vlà une bonne histoire encore!... Je n'ai pas d'argent moi, Monsieur.

LE CLERC.

Vous n'avez pas d'argent?

JANOT.

Non, Monsieur, je n'en ai pas.

LE CLERC.

Vous n'avez point d'argent! eh! pourquoi diable vous plaignez-vous donc, si vous n'avez pas d'argent? allez, mon ami, allez, vous êtes un mal avisé! il vous sied bien de venir interrompre un Commissaire! retirez vous, vous êtes un impertinent! Apprenez que quand on n'a point d'argent, on ne doit pas se plaindre, entendez-vous bien! on ne doit pas se plaindre. (*Il s'en va.*)

JANOT (*sur le devant.*)

Une belle chienne de raison! c'est justement là le moment de se plaindre, ou jamais.... Diable! Dodinet ne m'avoit pas prévenu de ça, moi... Mais c'est peut-ête pas ben cher, y faut voir, J'ai là st'écu que not'Maitresse m'a donné, de six francs. Je peux prendre la plainte dessus, je l'y remettrai ça de mon boursicau qui est dans ma chambre..... Reparlons-l'y.... Ecoutez-donc, Monsieur.

LE CLERC.

Eh bien! que me voulez-vous encore?

JANOT.

Monsieur, c'est-ti ben cher que vous prenez?

LE CLERC.

Non, il ne vous en coûtera que vingt-quatre sols.

JANOT.

Vingt-quatre sols ! je vous garderai donc une heure. Et à quoi ça m'avancera ?

LE CLERC.

A avoir des dédommagemens, des réparations, des intérêts considérables ! oh ! c'est de l'argent bien placé !

JANOT.

Ah ben ! en ce cas, revenez, Monsieur, je m'en vas vous payer.

LE CLERC.

Eh ! vous disiez que vous n'aviez point d'argent !

JANOT.

Ah ! c'est que mon gousset étoit percé ; mais je viens d'en trouver dans la doublure.

LE CLERC.

Tant mieux ! puisque vous avez de l'argent, parlez, je vous écoute. Plaignez-vous, Monsieur, plaignez-vous de tout le quartier, si vous voulez, me voici prêt à recevoir votre plainte.... où est votre argent ?

JANOT.

Le vlà, Monsieur. (*Il montre son écu.*)

LE CLERC.

Six francs ! ah ! voilà de quoi faire une belle plainte, bien nourrie même !

JANOT.

Je le crais ben. Ah ça, rendez-moi de bonnes pieces toujours.

LE CLERC.

N'ayez pas peur, allez, vous n'aurez pas de peine à passer celles que je vous rendrai. Voilà votre compte. Parlez, Monsieur.

JANOT.

Imaginez vous, Monsieur, que tout-à-l'heure on vient de me jeter par la fenêtre....

LE CLERC.

Par la fenêtre ! Ah ! Monsieur, que me dites-vous là ? par la fenêtre ! mais c'est une affaire criminelle que cela !

JANOT.

Criminelle ! Ah ! je vous en réponds, très-criminelle !

LE CLERC.

Comment donc ! criminelle au premier chef ; & vous venez vous plaindre criminellement, n'est-il pas vrai ?

JANOT.

Oh oui ! tout ce qu'il y a de plus criminellement.... Rendez-moi ça ben noir.

LE CLERC.

Ne vous inquiétez pas... Mais écoutez-donc, Monsieur.

JANOT.

Quoi ?

LE CLERC.

Une plainte criminelle, c'eſt beaucoup plus cher.

JANOT.

Comment donc ?

LE CLERC.

Oui, il faut encore trente-ſix ſols.

JANOT.

Mais je viens de vous en donner vingt-quatre pour me plaindre.

LE CLERC.

Diſtinguons, Monſieur, ne confondons pas : il y a civil & criminel, voyez-vous, vous m'avez payé au civil ; mais vous vous plaignez au criminel, cela change la théſe.

JANOT.

Qu'u chien d'arrangement ! c'eſt toujours une plainte.

LE CLERC.

Oui, mais concevez donc que l'une vous rapportera infiniment plus que l'autre, & que cela ſe paye en proportion.

JANOT.

Ah ! jarni ! tout ça commence à me dégoûter, moi ; mais c'eſt ti ben ſûr auſſi que ça me rapportera ?

LE CLERC.

Oh ! ſans doute, plus vous me donnerez, &...

JANOT.

Et moins il me reſtera, n'eſt-ce pas ?

LE CLERC.

Non, & plus il vous rentrera.

JANOT.

Allons, piſque c'eſt comme ça, tenez, vlà encore les trente-ſix ſous ; mais arrangez-moi ben ça, au moins.

LE CLERC.

Oh ! vous êtes tombé en bonnes mains !.... dites-moi, avez-vous des témoins ?

JANOT.

Pardine, ſi j'en ai : tout le quartier étoit là ! & pis les paſſans, & pis Dodinet.

LE CLERC.

Tant mieux ! cela rend votre affaire bien meilleure ; il faudra les faire aſſigner.

JANOT.

Oui, il faut faire aſſigner toute la rue.

LE CLERC.

Oh ! pourvu que vous en ayez trois ou quatre, cela ſuffira... voyons, combien avez-vous encore là ? *(Il regarde dans ſa main.)*

JANOT.

C'eſt un petit écu, ça.

LE CLERC (*le prenant.*)

Un petit écu, & bien! c'est pour quatre assignations, il y en aura assez (*Il serre l'écu.*)

JANOT.

Et ben, qu'est-ce que vous faits; & mon écu donc?

LE CLERC.

C'est pour payer l'Huissier, ça.

JANOT.

Comment diable! encore payer! oh! je n'entends pas ça moi, je ne donne pas st'écu-là.

LE CLERC.

Et laissez donc, vous êtes comme un enfant, voulez-vous mener cela chaudement, ou non!

JANOT.

Mais, mon argent, avec tout ça?...

LE CLERC.

Eh bien votre argent? il n'est pas perdu: songez donc aux intérêts de cette affaire-là!... vous êtes trop heureux en vérité! il y a vingt personnes qui voudroient être à votre place.

JANOT.

Crayez-vous?

LE CLERC.

Si je le crois! un homme qu'on a jeté par la fenêtre! cela peut aller furieusement loin!.... & dites-moi, vous êtes-vous fait bien du mal?

JANOT.

Mal! non, pas du tout.

LE CLERC.

Non! vous êtes donc tombé sur quelque chose?

JANOT.

Au contraire, c'est quelque chose qui est tombé sur moi.

LE CLERC.

Comment tombé sur vous!... & vous dites qu'on vous a jeté par la fenêtre.

JANOT.

Moi! non pas, c'est une fille....

LE CLERC.

Une fille qu'on a jetée sur vous?

JANOT.

Et non, ce n'est pas ça non plus.

LE CLERC.

Que diable dites-vous donc? je n'y comprends rien.

JANOT.

Je vous dis que tout-à-l'heure, on m'a jeté par une fenêtre...

LE CLERC.

Bien haute!

JANOT.

Oui, du troisieme.

LE CLERC.

Et bon Dieu ! vous devez être tout moulu !

JANOT.

Et non, je ne suis pas tombé, je vous dis.

LE CLERC.

Comment ! vous êtes donc resté en l'air !

JANOT.

Bon ! resté en l'air ! le diable vous emporte ! comment ! vous avez donc les oreilles dures ? J'étois en bas, moi, & une fille qui étoit à une fenêtre, là haut, voyez-vous !... *(en gesticulant il lui porte son bras sous le nez, le Clerc sen l'odeur.)*

LE CLERC.

Pouah ! fi ! retirez donc votre bras.... cela sent mauvais comme tout.

JANOT.

Eh ben ! c'est justement ça.

LE CLERC.

Comment ! qu'est-ce donc ?

JANOT, *(lui reportant au nez.)*

Pardine ! vous ne devinez pas ?

LE CLERC.

Quoi ! est-ce que ça seroit ?....

JANOT.

Et sans doute, c'en est, vlà positivement le cas que je vous explique là, depuis une heure.

LE CLERC.

Ah ! je commence à comprendre....

JANOT.

Ah ! c'est ben heureux !... y êtes-vous ?

LE CLERC.

Oui, oui, j'y suis..... c'est une veste de gâtée, n'est-ce pas ?

JANOT.

Tout juste, & ben conseillez-moi donc à présent.

LE CLERC *(se reculant de lui.)*

Et bien, mon ami, je te conseille de t'en aller à cette heure.

JANOT.

M'en aller ?

LE CLERC.

Oui, voilà ta déposition faite ; va te nettoyer à présent, je m'en vais arranger ton affaire, & tu reviendras demain.

JANOT.

Mais écoutez donc....

LE CLERC (*se reculant toujours.*)

Non, non, je n'ai pas le temps; tu n'as plus à te plaindre, tu n'as plus d'argent, ... sois tranquille, va, va te nettoyer, va mon ami. (*Il rentre chez lui.*)

SCENE X.

JANOT, *seul.*

OUi, il a raison, je commence à me refroidir là, faut que j'aille chercher not' souper cheus le Pâtissier, je me sécherai à son four. (*Il marche, & apperçoit un des garçons de la boutique, qui passe.*)

SCENE XI.

JANOT, UN GARÇON PATISSIER, (*portant un plat.*)

JANOT.

AH! te vlà, François! j'allois cheus ta boutique.

LE GARÇON.

Pourquoi faire?

JANOT.

J'allois chercher not' souper qui est là, depis cinq heures, dans le four, avec de la chicorée dessous, estti prêt?

LE GARÇON.

Queu morceau que c'est?

JANOT.

Eh pardine un alloyau de mouton, avec une gousse d'ail que je t'ai dit de faire ben cuire dans son jus, là rissolé.

LE GARÇON.

A moi? je ne t'ai pas vu d'aujourd'hui.

JANOT.

Ah! oui, t'as raison; c'est à Monsieur Pierre que j'ai parlé; qui étoit là sur le pas de la porte en veste, avec un bonnet de coton, qui gardoit la boutique.

LE GARÇON.

Queu marque est ce qu'il a ton souper?

JANOT.

Et je te dis de la chicorée dessous, avec une petite broche & trois isques.... C'est-ti ça que t'as là?

LE GARÇON.

Non, non, peste; c'est un rognon de veau. C'est le souper d'un Procureur... Ne m'arrête pas pus long-temps, car ses Clercs ont les dents longues.... Mais va voir dans la boutique, tu le trouveras.

JANOT.

Oui, oui, Monsieur Pierre va me trouver ça. (*Le garçon s'en va, & Janot va à la boutique.*)

SCENE XII.

RAGOT (*sort de chez lui avec sa serviette.*)

EH ben! mais venterbleu! voyez donc ce petit gueux-là, si c'est pas démontant, là: deux heures pour aller chercher un gigot.... Quand il le feroit faire exprès!.... Au moins s'il avoit commencé par apporter toujours la bouteille, ça tient compagnie en attendant la mangeaille, ça sert de contenance; mais pas du tout, je suis là devant ste tabe, & rien dessus! ça me donne la pepie.... y sera à causer avec le Cabaretier..... Je vas le faire avancer, moi..... (*On entend derriere Janot qui dispute avec le Pâtissier.*)

JANOT.

Eh ben! pardine, on fait crédit au monde queuquefois pour deux sols.... Vous les mettrez sur la taille.

RAGOT.

N'est-ce pas lui que j'entends donc?

LE PATISSIER (*derriere le théâtre.*)

Allons, allons, va-t-en vilain; va te sécher ailleurs. (*On l'entend rosser à coups de torchon.*)

JANOT (*criant derriere.*)

Ahi! ahi! laissez-moi donc, Messieurs!... je vas me plaindre aussi contre vous, au moins.

RAGOT.

C'est lui-même!.... ce petit coquin! à qui en a-t-il?

SCENE XIII.

RAGOT, JANOT (*rentrant.*)

JANOT, (*à part sans voir Ragot.*)

EH ben! ne me vlà pas mal moi, à st'heure. Ce diabe de Maître Clerc qui ne m'a pas laissé tant seulement de quoi payer la cuisson de mon gigot!

RAGOT.

Ah! te vlà donc, à la fin! eh ben, ce vin! où ce qu'il est?

JANOT.

Je n'ai pas encore été cheus le cabaret, Monsieur.

RAGOT.

Comment! depis le temps que t'es parti, pour aller chercher une bouteille! & j'en aurois déja bu quatre, moi!

JANOT.

Maître, faut le temps à tout. J'ai voulu d'abord tout de suite me débarrasser du Pâtissier, où que je croyois que vous aviez pus faim que soif pour le moment.

RAGOT.

Eh ben! où ce qu'est le souper?

JANOT.

Il est encore là, Monsieur, c'est à cause du Commissaire... qui n'a pas voulu me le donner.

RAGOT.

Comment! le Commissaire n'a pas voulu?...

JANOT.

Non, c'est une histoire... pas du Commissaire.... c'est du Clerc... de deux sous...

RAGOT.

Le Clerc... deux sous.

JANOT.

Oui, qui falloit au Pâtissier pour son gigot... Les avez-vous en monnoie?

RAGOT.

Comment! est-ce que ma femme ne t'a pas donné douze sous pour le vin & le gigot?

JANOT.

Si fait, elle m'a donné un écu pour le changer, de six francs, là tantôt.

RAGOT, (*en colere.*)

Elle t'a donné six livres, misérable! eh! qu'est-ce que t'en as fait?

JANOT.

Comment! Monsieur, vous n'entendez-donc pas? je vous dis que c'est le Commissaire, là, pour une plainte, avec son Clerc, que Dodinet m'a dit, d'une histoire, dessus ma veste, par une fenêtre, où ce que vous voyez ben, tenez.... (*Il lui porte de même son bras sous le nez.*)

RAGOT, (*le repoussant.*)

Ah! le vilain cochon! veux-tu te retirer.

JANOT.

Eh ben! Monsieur, vlà vos six francs.

RAGOT.

RAGOT.

Ah ! chien de coquin ! vlà la monnoie que tu me rapportes ; va-t-en ben vîte me chercher mon argent, ou je te vas arranger, moi.

JANOT.

Mais, Monſieur, c'eſt-ti de ma faute donc ? eſt-ce qu'on s'attend à ça ?

RAGOT.

Ce gueux-là n'en fait jamais d'autre.... quiens, va-t'en, crai-moi. Retire-toi de là, ou je vas te nettoyer moi.

JANOT.

Eh ben ! Monſieur, laiſſez-moi rentrer pour me changer, du moins.

RAGOT.

Rentrer ! ah drôle ! regarde ben ma porte, pour n'y pus remette le pied.

JANOT.

Comment ! Monſieur, vous me renvoyez ?

RAGOT.

Oui, coquin, je te chaſſe, & va-t-en.

JANOT.

Eh ben ! payez-moi mes gages.

RAGOT.

Tes gages ! un vaurien comme toi, qui ne gagne pas le pain qui mange ! t'es trop payé avec les ſix francs que tu m'emportes.

JANOT.

Mais, Monſieur, je ne les ai pas, moi, vos ſix francs ! ils ſont au greffe, on vous dit.

RAGOT.

Eh ben ! va les chercher.... bon ſoir. *(Il lui ferme la porte ſur le nez.)*

JANOT.

Mais, Monſieur, laiſſez-moi prendre mon habit du moins.

RAGOT.

Je vas te le jetter, ton habit.

SCENE XIV.

JANOT, *ſeul.*

PArdine ! me vlà ben à mon aiſe ! vlà que ſt'affaire là s'entame pas mal !... un beau conſeil qui m'a donné là lui, avec ſa plainte, Dodinet, & ſon soufflet de dix piſtoles. *(Il frappe à la porte de Ragot.)*
Eh ben ! Monſieur, me rendez vous mon habit donc ; ....

(*à lui-même.*) J'ai été bête de le croire, moi ! queuque je vas devenir à présent ? j'ai une faim d'enragé, que je n'ai pas mangé depis le matin jusqu'à l'heure qu'il est, gros comme une noix de pain... toujours courir ! c'est être ben traîte à son corps aussi ! (*Il frappe encore.*) Eh ben ! Monsieur, c'est-ti pour rire donc ? eh ! mon habit ?

RAGOT (*lui jette par la fenêtre.*)

Quiens, le vlà, mais va-t-en & ne me fais pas descendre, sinon je t'irai habiller, moi.

JANOT.

C'est pas la peine, allez. Bonne nuit not' Bourgeois, je viendrons demain matin.

RAGOT.

Et ben ! oui, reviens, je te garderai à déjeûner.

SCENE XV.

JANOT, *seul.*

A Déjeûner ! en attendant faudrait souper, & je n'ai pas le sou, & je ne connois personne de connoissance encore. La nuit comme ça ! si c'étoit le matin, y a des Auberges, on va se mettre à table ; on boit, on mange, & ne faut pas d'argent pour ça.... dans les Cabarets on ne paie qu'en sortant ; moi, je ne sortirois pas.... je tombe de sommeil, si y passoit queuque fiaque sur la place, je dormirois une coupe d'heures dans le carrosse... ou si j'avions tant seulement un petit fagot pour me réchauffer, au coin d'une borne là, de trois sous & demi !... Jarni, je ne sais ce qui me tourmente le pus, si c'est le froid, si c'est la faim ; je crois que c'est le sommeil,... ou plutôt c'est la colere !..... mordienne ! je suis enragé après ste Mamselle Suzon, qu'est cause de ça ; faut que je m'en venge... j'y vas casser ses vitres ; (*Il ramasse des pierres & les jette.*) quiens, attrape ! pan, encore une !... ça me réchauffera. Pan, va toujours.

SCENE XVI.

SIMON, *à sa fenêtre*, JANOT, *jetant des pierres.*

SIMON.

DArie donc, hé ! petit gueux ! veux-tu que je t'aille prendre mesure d'une paire de souyers dans le derriere ?

JANOT.

Toi ! descends donc, vlà que je t'attends... quiens, vlà pour toi !

SIMON.

Ah, sarpedié! laisse-moi prendre mon tire-pied, je vas t'aller chausser.

JANOT.

Oui, viens donc chercher les bas de Mamselle Suzon, tu me paieras sa maille que j'y ai reprise.

SIMON.

Ah tu l'y as repris une maille! ah ben! je vas te remettre un bout, moi.

JANOT.

Arrive donc, si t'as du cœur; en attendant; attrape toujours. (*Il jette des pierres.*) (*à part.*) si y pouvoit venir me donner queuques giffes, tant seulement, ça rendroit mon affaire ben meilleure, comme disoit Dodinet, y me manquoit ça tantôt dedans ma plainte.

SCENE XVII.

JANOT, SIMON, (*en entrant le rosse avec son tire-pied.*)

SIMON, (*frappant.*)

AH! gueux! tu jettes des pierres!

JANOT.

Ah! traite! tu me prends par derriere!

SIMON (*le rossant.*)

Quiens, en vlà aussi par devant.

JANOT.

Oui-dà! donnes-en donc encore un pour voir!

SIMON, (*le battant.*)

Quiens, polisson, en vlà encore un.

JANOT.

Ah! mais, ne dis pas de sottise, entends-tu? parce que je me fâcherai, au moins.

SIMON.

Eh ben, fâche-toi donc pour voir; quiens, vlà ton attaque.

JANOT.

Ah! c'est un peu trop fort aussi! pisque tu le prends sur ce ton-là, je m'en vas te parler, moi. (*Il se met à crier.*) Au guet, au voleur! au guet!

SIMON.

Ah! chen! tu cries donc?

JANOT.

Eh non, je vas te laisser faire... va toujours... au guet! au guet!....

SIMON.

Quiens, coquin! quiens, drôle! vas lui porter ça.....

(*Après l'avoir bien rossé, il se sauve.*)

SCENE XVIII.

Mme. RAGOT (*à la fenêtre.*) JANOT.

Mme. RAGOT.

QU'eſt-ce que c'eſt donc que ces vauriens-là qui empêchent de dormir le monde, & qui ſe battent ?

JANOT.

Vous ne ſavez ce que vous dites, Madame, ce n'eſt pas moi, c'eſt lui qui bat; moi, je crie.

Mme. RAGOT.

Eh ben, allez crier plus loin.

JANOT.

Je veux crier ici, moi.

SCENE XIX.

LES PRÉCÉDENS, SIMON (*à ſa fenêtre crie.*)

AU guet ! au voleur !

JANOT, (*étonné de l'entendre.*)

Ah ! ben, en vlà encore une bonne celle-là !

Mme. RAGOT, (*criant auſſi & Ragot avec elle, ainſi que Suzon*)

Au guet ! au guet !... au Commiſſaire !

JANOT.

Eh ben ! eſt-ce qu'ils ſont donc fous, avec leur ſabbat.

SCENE XX.

LES PRECEDENS, LE GUET.

LE CAPORAL.

QU'eſt-ce que c'eſt donc que tout cela ?

JANOT.

Ah ! Monſieur le Guet, c'eſt que ſous vot reſpect, les paroles ne puent pas, mais...

RAGOT.

Ne l'écoutez pas... c'eſt un gueu....

Mme. RAGOT.

Oui, il fait du train depuis une heure.

SIMON.

C'est un coquin qui casse nos vîtres.

LE CAPORAL.

Comment drôle ! vous cassez les vîtres !

JANOT.

Et non, Monsieur, c'est que... Tenez, vlà comme ça est venu. (*Il veut lui faire sentir son bras, &c.*)

LE CAPORAL.

Ah ! le cochon ! qu'est-ce que c'est que çà !

SIMON.

C'est un gueu qu'est sou.

Mme. RAGOT.

Oui, il sent le vin à pleine bouche.

JANOT.

Le vin ! ah ben oui, vous vous y connoissez... (*au Caporal.*) voyez donc un peu si c'est là du vin...

LE CAPORAL.

Comment insolent ! tu te moques de nous, je crois.... Mais voilà le Commissaire ! il va te parler.

SCENE DERNIERE.

LES PRÉCÉDENS, LE CLERC DU COMMISSAIRE.

LE CLERC, (*à Janot.*)

EH bien ! te voilà encore ! est-ce que tu veux faire une autre plainte ?

JANOT.

Oh non ! je n'ai pus d'argent !.... C'est pas moi, Monsieur, c'est ce drôle là qui se plaint.

(*Il montre le Savetier.*)

SIMON.

Oui, Monsieur, il casse mes vîtres.

Mme. RAGOT.

Il trouble le repos de tout le monde.

LE CAPORAL.

Il insulte le Guet...

LE CLERC.

Ah ! c'est trop fort.

JANOT.

Moi, Monsieur, au contraire, c'est ce gueu-là qui tantôt, vous savez ben ce que je vous ai dit... là, par la fenêtre....

LE CLERC, (*se reculant de lui.*)

Oui, oui, je sais ce que c'est... Mais il falloit te retirer comme je te l'ai dit, & ne pas te faire justice toi-même. Te voilà dans le cas d'une amende à présent.

JANOT.

Comment donc amende ! il faut donc toujours payer avec vous autres ?

LE CLERC.

Mais, outre que tu es répréhensible pour troubler le bon ordre, il faut encore payer le dommage & les vitres cassées.

Mme. RAGOT.

C'est juste.

JANOT.

Mais, Monsieur, je n'ai pus d'argent, moi, depis que je me suis plaint.

LE CAPORAL.

Eh ben, en prison.

JANOT.

Comment mordi ! payer pour se plaindre ! & en prison pour n'avoir pas d'argent ! mais c'est-ti une conscience donc ça ?

LE CLERC.

Ecoute, je vois bien que tu es un innocent, il faut te pardonner cette fois-ci, à condition que cela ne t'arrivera plus : on te fait grace de la prison...

LE CAPORAL.

Mais, Monsieur, & le dommage donc ?

LE CLERC.

Oui, vous avez raison ; il faut de la justice en tout ; cela peut s'accommoder... voilà un paquet dont il n'a que faire ; on va le porter chez moi pour nantissement. On le vendra demain matin, & quand on aura payé les vîtres cassées & les frais ; s'il y a du reste, on le lui remettra.

LE CAPORAL.

Ah ! vivat ! fort bien jugé !

SIMON, (*à la fenêtre.*)

Oui, je m'y accorde.

JANOT.

Mais jarni, je ne m'y accorde pas, moi.

LE CLERC.

En ce cas, conduisez-le en prison.

JANOT.

En prison ! comment c'est donc tout de bon !

LE CLERC.

Oui, tu as l'alternative, ainsi arrange-toi avec ces Messieurs. (*Il rentre chez lui.*)

JANOT.

Un beau chien d'arrangement ; quand je serai dedans moi, queu figure que je ferai-là ?

LE CAPORAL.

Allons, allons dépêche.... le paquet, ou marche.

Mme. RAGOT.

En prison, en prison.

JANOT.

Par-là jarni! ça n'est-ti pas enrageant une jugerie comme ça!... Allons donc, pisqu'il faut en passer par-là, emportez le paquet... (*à part.*) & que le diable vous emporte avec...

LE CAPORAL, (*prenant le paquet.*)

A la bonne heure: (*au Savetier.*) demain, Maître Simon, je conterons ensemble. (*à Janot.*) Pour toi, mon ami, va te coucher, crois-moi, car si je te trouve en repassant, je te mettrai à couvert; au revoir. (*Il s'en va avec le guet.*)

Mme. RAGOT.

C'est ben fait; il le mérite bien. (*Elle lui ferme la fenêtre au nez.*)

RAGOT.

Adieu, mauvais sujet... (*Il lui ferme aussi sa fenêtre.*)

SIMON.

Bon soir, mon petit ami (*Il lui ferme la fenêtre.*)

SUZON.

Adieu, mon pauvre Janot. (*Elle ferme la fenêtre.*)

JANOT.

Au diable!.... & ben, voyez pourtant comme tout ça tourne! me vlà ben dédommagé, moi! j'ai perdu mon argent, j'ai ma veste gâtée, j'ai été rossé!... & faut que je paie encore!... ah! jarni! tout ça me rappelle ce que me disoit ma pauvre mere, du temps que j'allois à l'école, qu'est morte à présent, chez Monsieur Nicodême; quand je revenois me plaindre à elle avec l'oreille déchirée, j'attrapois encore le fouet par dessus le marché! & ben c'est la même chose à présent. Les grands comme les petits, les enfans comme les personnes, dans le monde, comme à l'école, ont beau venir se plaindre d'avoir eu des coups, autant de pris! c'est toujours les Battus qui paient l'amende.

(*au Public.*)

Encore, si du moins, Messieurs, stamende-là pouvoit tourner au profi de vos plaisirs, je me croirois bienheureux de la payer tous les jours.

FIN.

On trouve à Avignon, chez JACQUES GARRIGAN, *Imprimeur-Libraire, place Saint-Didier, un assortiment de Pieces de Théâtre, imprimées dans le même goût.*

www.ingramcontent.com/pod-product-compliance
Ingram Content Group UK Ltd.
Pitfield, Milton Keynes, MK11 3LW, UK
UKHW020519180726
13839UKWH00005B/2176